Productividad para holgazanes

Cómo hacer más, con el mínimo esfuerzo

Productividad para holgazanes

Cómo hacer más, con el mínimo esfuerzo

E-book a la venta en:

http://www.leanpub.com/vago_productivo

Índice general

ÍNDICE GENERAL

Introducción

Este librito va dirigido a todo aquél que siempre busca el camino más corto para hacer algo. Y no forzosamente impulsado por la inteligencia, sino directamente por la holgazanería. Y no le da vergüenza admitirlo.

A aquel que le agobia tener cosas en la cabeza y que le atosiga y bloquea la cantidad de información que recibe y la velocidad a la que cambia, y que no le dejan remolonear a gusto.

Aquí encontrarás la esencia de los mejores métodos de organización, resumidos y listos para aplicar, incluyendo el famoso Getting Things Done (c) de David Allen, para que no tengas que esforzarte en buscarlos. Mi experiencia como usuario holgazán nivel épico, te ahorrará años de pesquisas e investigación.

Me acompañarás en un viaje para crear un sistema externo que te permite verter lo que ahora esta almacenado en tu cabeza y no te deja pensar en lo que tu quieres, o sea en nada, la mayoría de las veces. Para que las sorpresas sean sólo las de cumpleaños o una factura de luz inusitadamente económica, no las del tipo que puedan realmente hacerte perder la calma y sobretodo el sueño.

Eliminarás el estrés en tu trabajo y en tu vida, y dispondrás simultáneamente de ingentes cantidades de tiempo para desperdiciar, dando lugar a una profunda sensación de bienestar y satisfacción.

Y la alegría más grande será ver como alguna gente que prueba otros métodos, puede que estén aprendiendo a ser más productivos, pero también más ocupados y por lo tanto más infelices.

Perseguiremos juntos dos objetivos: que puedas establecerte y ser aceptado socialmente como un holgazán profesional que al mismo tiempo cumple con sus obligaciones y que le recomiendes a todos tus amigos de parecidas características este libro, de modo que yo pueda llegar a vivir sin trabajar. Si no consigues el primero, por lo menos procura ayudarme en el segundo. Gracias.

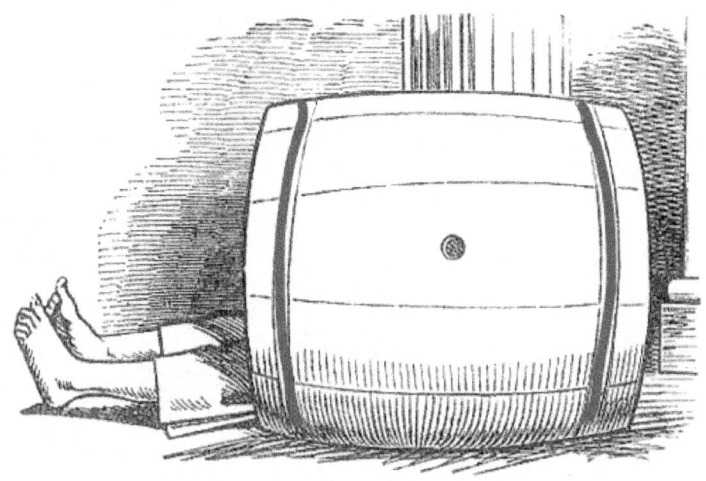

La afición al holgazaneo se ha dado en todas las épocas. Por alguna razón, los vagos no han sido nunca gente muy apreciada por sus congéneres.

Prefacio

Si implementas los consejos, trucos y sistemas de este librito vas a conseguir:

- Definir tu propósito y tu éxito completo en la vida: dónde quieres estar, qué quieres hacer y con quién.
- Conocer tus áreas de interés y responsabilidad.
- Mantener tu lista de proyectos y acciones.
- Alinear tu propósito y metas con las tareas diarias.
- Aprender a procesar tu información, documentos y correo electrónico de una forma ágil.
- Establecer un sistema de archivo fiable.
- Realizar Lluvia de ideas correctamente.
- Implementar un sistema de gestión sencillo y flexible para ser productivo y sentirte relajado al mismo tiempo.

Parecen muchas cosas, muy complicadas y que deben requerir de mucho esfuerzo. No te preocupes. Simplemente sigue los 12 puntos de la Lista de Control que encontrarás más adelante en el libro y lo conseguirás.

Si adoptas estos sencillos trucos, irás por delante del 98% de la masa. Y ésa, por si sola, es una sensación agradable por la que vale la pena esforzarse... aunque sólo sea un poquito.

No te miento si te digo que si lees dos veces este librito y usas la Lista de Control para ver lo que vas aplicando, vas a conseguir en un corto periodo, lo que yo logré sólo después de un arduo proceso de asimilación, muchas pruebas con sus respectivos fracasos y todo eso empleando tiempo, mucho tiempo. Para eso están los libros. De nada.

Quién se beneficia de este libro

Es curioso que los interesados y dispuestos a probar este método, son las personas que YA están haciendo algo al respecto de organizarse mejor. Han tenido alguna experiencia de como el progreso en este campo es importante y por eso están dispuestos a cambiar. La mayoría de gente te dirá que no quiere "complicarse" la vida. Allá ellos. Como dicen en inglés, puedes llevar el caballo al río, pero no lo puedes obligar a beber.

He ofrecido varias conferencias a lo largo de estos últimos años. Mi error al principio era que eran charlas para público en general, no para personas interesadas específicamente en el tema.

El panorama en este escenario es, que durante la conferencia, todo el mundo parece estar de acuerdo, con ¡Ohhhs! y ¡Ahhhs! de admiración incluidos. Pero de las 50 personas, quizá *una* está realmente dispuesta a ponerlo en práctica.

Aventura en el consistorio

En una ocasión, ofrecí una disertación en un Ayuntamiento (omitiré el nombre, para ahorrar vergüenza, chanza y avezados comentarios de los lectores). En una sala, reunidos, ocho concejales, el alcalde y un servidor. La charla duró lo habitual, con presentación de diapositivas incluida.

Al final del discurso, estaba claro que nadie estaba dispuesto a mover un dedo o cambiar ni un centímetro sus hábitos y sistemas (o su falta de ellos).

La concejala de Cultura (sic) se levantó y dio su veredicto final, fruto probablemente de una larga y profunda meditación mientras dormía durante la conferencia: "Yo creo que la solución sería que el día tuviera más horas." Oiga, esto es verídico. "Ses lo" juro.

Cómo ella misma había manifestado con anterioridad que su vida era un calvario en lo referente a organizarse, le contesté que si no podía con 24 horas, disponer de más tiempo sólo acrecentaría su estrés. No hubo respuesta.

La sensación que tuve al salir fue que el que más había aprendido en ese rato, había sido yo. Ya se sabe, enseñar es la mejor forma de aprender.

Ellos perdieron la oportunidad de ser el primer ayuntamiento en España en adoptar un método que está siendo punta de lanza en las grandes corporaciones en el mundo y yo perdí dos horas. Las perdí porque ni siquiera tuvieron la decencia de pagarme los honorarios acordados. Bueno, me dieron un papel para cobrar "no se sabe cuando."

La cruda y triste realidad es que una gran mayoría de la gente prefiere quejarse y medrar en el sufrimiento conocido, que adoptar algo que (¡oh, Dios mío!) pueda mejorar su vida. El terror al cambio, que se llama.

Prefieren utilizar media hora articulando todo tipo de expresiones inútiles y lamentaciones que probar algo desconocido.

Y ya que estamos en política y ayuntamientos, es la misma razón por la que la mayoría de la población sigue votando a candidatos corruptos probados. "Más vale malo conocido..."

Me alegro que no seas una de esas personas mediocres y grises. No lo eres, porque has llegado hasta aquí. A no ser que hayas empezado a leer el libro por esta página.

Esa situación es tragicómica, depende de si tienes ganas de reír o llorar. Llegará un momento en que debido al cambio imparable de paradigmas en la sociedad, la gente en general se verá obligada a educarse en estos temas. Y si no, al tiempo.

Estrés, coaching y modernidad

Tenía todo lo que un mortal puede desear: una mujer de bandera como novia, un trabajo interesante, dinero para gastar en estupideces y amistades de esas que puedes contar con ellos cuando te emborrachas en una fiesta.

Un día me doy cuenta que mis niveles de crispación son alarmantes y eso echa al traste mucho de lo que puedo disfrutar dadas las circunstancias. Hago en internet un test de estrés y ¡zumba! Tengo un problema estresante (valga la redundancia).

Me asusté. Pero, ¿qué podía hacer? Si hacía sólo seis o siete años me tiraba el mundo a la espalda como un capote... Es cierto que ahora tenía más responsabilidades, pero mis habilidades no habían disminuido. Si seguía así acabaría en un psicólogo, un psiquiatra o peor, con aquella amiga de mi madre que echa el Tarot.

Y ahí empezó mi búsqueda inútil de métodos de organización. Pero, curiosamente, a medida que buscaba, la ansiedad aumentaba con la fuerza equivalente a mi alteración, multiplicada por tres.

Y, me dirás, "te complicas la vida... vete de vacaciones, sal de farra y asunto resuelto".

En efecto, irse de vacaciones tranquiliza. Pero eso es lo que hace todo el mundo y no le sirve a largo plazo. Es como poner una tirita en una herida de 20 cm. Tampoco me ha funcionado tratar de convencerme a mi mismo al más puro estilo New Age "Estoy tranquilo, estoy en paz, soy maravilloso."

La verdad es que la ciencia no ha encontrado un remedio o medicina para la fatiga mental y la ansiedad. Hay volúmenes enteros hablando del tema, pero nadie tiene demasiado claro cual es el mecanismo que los produce y mucho menos han dado con una solución. Nos dicen que tenemos que "tranquilizarnos", pasear, tener algún hobby. Son afirmaciones y soluciones tan banales como improductivas. Otra solución que algunos proponen, utilizar fármacos, es dada por cierto tipo de seres humanos que más bien deberían dedicarse a la investigación con cobayas (estoy en contra de la investigación con cobayas, pero lo pongo de ejemplo, porque no se me ocurre otro mejor).

Los propios psicólogos, psiquiatras y vecinos del quinto que te recomiendan pastillas que "les van muy bien" a ellos o a sus cuñados, no suelen ser exactamente un ejemplo de sobriedad, relajación y vida feliz.

Me estaba fastidiando ya, que en pleno siglo XXI, no haya alternativas ni remedios claros. En estos últimos meses descubrí el método Covey, y me funcionó bien. Pero eso fue antes de que me ascendieran a jefe de sección, ya no resultaba con la nueva complejidad de mi trabajo.

Probé con el coaching emocional (nadie sabe muy bien que es, por eso cada "experto" tiene 20 folios para explicarlo). Pero nadie dio con una sencilla y efectiva fórmula para conseguir algún resultado digno y fehaciente, aparte de jurar y perjurar que cuando sales de esas charlas, estás lleno de "energía positiva".

Tampoco me sirvió consolarme con que poco a poco la sociedad va evolucionando hacia el trabajo en casa y cada vez hay más máquinas para sustituir nuestras "tareas". Y llegará un día que simplemente haremos lo que nos de la gana.

Hasta ese entonces, ¿tendré que soportar un grado de ansiedad que no me permite disfrutar a plenitud de mi "tiempo libre"?

Yo, como buen holgazán de primera categoría, quiero una solución que no comporte demasiado esfuerzo, y la quiero ya.

(Pre)ocupaciones

El problema viene al estar (pre)ocupado. O sea, ocuparte antes de tiempo, ocuparte en tu cabeza. Tener la cabeza vacía de (pre)ocupaciones es estar relajado.

Para lograrlo, hemos de crear unos pocos hábitos tal como explico en este libro. Estar relajado y "vivir el momento" es algo que muchos de nosotros consideramos fuera de nuestras posibilidades, y no por poco.

Nos parece absolutamente imposible porque cuando lo intentamos, al minuto nos asaltan la ansiedad, el estrés y las tensiones habituales. Y eso nos da una imagen falsa de lo que somos capaces de hacer. No nacimos con la capacidad innata de vivir el momento, pero podemos aprender.

Con un tanto por ciento que pongas en práctica, ya notarás una mejoría más que interesante. Sigue y la recompensa es fabulosa.

Cuando te habitúas a no tener nada en la cabeza, no puedes pasar sin ello. Es como cepillarte los dientes después de comer.

Lo que todo el mundo busca

Tengo buenas noticias. Acabas de encontrar lo que buscabas. En muy poco tiempo, pasarás de esa fase de ahogo y agotamiento mental a la de satisfacción, la de las endorfinas.

Siguiendo los sencillos pasos en este librito, llega un momento en que el tiovivo se para y puedes apearte. Llega un día que te levantas de la cama y dices, ¡que bien me siento!

Llega ese día maravilloso. No tienes nada en la cabeza y al mismo tiempo tienes todo controlado. Vives el "presente" como tantos otros teorizan, pero, ¡de verdad!

Y aunque sólo adoptes uno de los trucos, te servirá. No necesitas hacer todo y a la perfección para que funcione. Por supuesto, cuanto más hagas, mejor.

Para que se me entienda mejor: tienes la capacidad de andar por ahí sin nada en la cabeza. Y está sólo oculta por una fina pero persistente capa de auto convencimiento negativo que habrás retirado para siempre al acabar de leer estas páginas.

El secreto: vaciar tu RAM

No hay truco. Pero, como en la buena magia, es tan evidente que pasa desapercibido. Lo que ocurre es que al guardar tus pensamientos en un lugar fuera de tu cerebro en el que confías, ¡puf! te queda ese espacio libre.

Es como la RAM de un ordenador. Cuando cargas un programa y otro y otro, la memoria volátil RAM (no es que vuele, es que es un almacenamiento temporal) se llena y el ordenador empieza a ir más lento.

Incluso puede encallarse. Ese es el estado "normal" de

los sistemas operativos Windows y de los cerebros del personal.

Como decía, liberar un poco de RAM se nota, liberar un poco más se nota (más) y la meta es solo usar un programa a la vez, o sea pensar en una cosa a la vez. Nivel láser. "El Secreto" en práctica. Relajado y sin estrés.

En este punto ya deberías estar convencido que has hecho una buena compra con este libro, pero es que hay más.

Al final, querrás recompensarme de una forma generosa y yo te daré ideas para que puedas hacerlo. Para que puedas sentir el placer de los agradecidos.

Y empezamos...

Por algún sitio hay que empezar. El camino para llegar a una vida productiva y cómoda tiene principio, mitad y fin. No se puede llegar al punto B sin pasar por el A, ni aun siendo banquero, político o traficante.

"Bandejas" de entrada

Son los diferentes puntos de entrada de información, como el buzón de correos de tu casa, el contestador automático de tu teléfono, la bandeja de entrada de tu email, tu cuenta en Twitter o Facebook, etc.

Son lugares concretos que hacen de "almacén" temporal de los datos que te van llegando.

Pero, ¿qué pasaría si el cartero dejara las cartas cada día en un lugar diferente de tu casa? ¿O recibieras los emails dentro de tu archivo con todos los demás y luego tuvieras que buscarlos?

¿Y si todos los mensajes de voz no estuvieran clasificados por fecha y en un sólo lugar?

Pues eso es lo que está ocurriendo con toda la información que no son emails, o cartas, o mensajes de voz. Y es mucha... muchísima. ¿Empiezas a entender porque estás estresado?

Te falta una "bandeja" crucial, que te va a salvar de ingentes cantidades del ansiedad que te causa el no tener bajo control las cosas que potencialmente pueden afectarte.

Daremos a este problema una solución elegante, sencilla y barata. Te presento a la bandeja de entrada. Si, como la del email, pero en analógico:

Puede ser una simple caja (abierta por arriba para ver su contenido de un vistazo). Ahí dentro va todo lo que no has decidido todavía que hacer con ello o no sabes todavía a donde pertenece.

Es el modo de "acorralar" la ingente cantidad de información (útil o no, eso no lo sabes todavía) que llega a tus manos. Así, sin despeinarte.

Después de acorralarla, aprenderás a "procesarla" que no es otra cosa que actuar y decidir que hacer con ella.

Te voy a dar unas pautas muy sencillas para que puedas acabar con ese(os) cajón(es) maldito(s) que tienes en casa y con ese montón de papeles de la oficina, ese que crece imperceptible pero rápidamente, ese que algún día te pondrás con él, pero que en realidad temes incluso pasar por su lado.

Cuando aprendas a "procesar", estarás por encima del 98% de los mortales que ni siquiera son conscientes que tienen este problema y que aunque lo sean, no saben que hacer. Ni aún después de esa sesión de coaching emocional que les costó 450€. Ahhh, las mejores cosas en la vida, son gratis. O casi.

"Procesar" es muy sencillo

Para entenderlo fácilmente, es lo mismo que haces con tu buzón de Correos.

Muy importante, cuando sacas las cartas, papeles y propaganda, **no devuelves nada** al buzón, y ...

1. Tiras la propaganda o correspondencia inservible al momento,
2. Decides que hacer con algunas de las cartas,
3. Archivas las que quieres guardar como referencia.

Aplica este procedimiento a tus cajones, tus armarios y en general todo lo que no está en el sitio que le corresponde. Tira lo inservible, haz una nota con la acción que corresponde hacer con ese objeto, papel, etc. y archiva adecuadamente lo que te interesa guardar.

El impedimento viene cuando piensas que tienes que resolver todo lo que está en la bandeja de entrada en ese momento. No lo resuelves, sólo DECIDES que hacer con ello.

Buscar, buscar

La gente pierde la mitad de la vida buscando cosas. Hay una sencilla regla que te va a ahorrar literalmente horas, las cuales puedes utilizar en una cafetería del paseo marítimo viendo a la gente pasar. Desperdiciadas, pero conscientemente y a placer.

La regla es, guarda las cosas de la misma naturaleza en el mismo sitio. Las llaves con las llaves, los gadgets electrónicos, cargadores, linterna (si, esa que no funciona), en el mismo sitio.

Las fotos con las fotos. Las facturas, con las facturas (mira el apartado Archivo para aprender a organizar los papelajos de manera que no te vuelvas loco cada vez que quieres encontrar uno). Si, por el mismo, precio. No tienes que comprar un pack extra aparte del libro. Soy así.

Esto que acabo de explicarte es una obviedad, pero... ¿Lo estás haciendo? ¿No? Pues adelante.

No, no me des las gracias, contáctame y te pasaré mi cuenta para que puedas expresar tu agradecimiento de una forma convincente.

Lista de Control

Progresando, paso a paso

Parece mentira, pero ya has llegado al punto 3, (incluido). No he hecho esta lista para fastidiarte o para ponerte las cosas más difíciles. Utilízala para ver cuantas cosas has aprendido del libro. Y cuantas has puesto en práctica.

1. Instala tu Bandeja de Entrada - (enlace)
2. Aprende a Procesar - (enlace)
3. Procesa tus cajones, armarios, archivos
4. Monta tu archivo - (enlace)
5. Prepara tu Calendario o Agenda - (enlace)
6. Acondiciona tu lugar de trabajo - (enlace)
7. Confecciona la Hoja de Ruta - (enlace)
8. Haz una Lluvia de ideas - (enlace)
9. Identifica tus Proyectos y haz una lista
10. Asigna acciones concretas a los Proyectos
11. Clasifica las acciones por Contextos
12. Efectúa la revisión diaria y semanal - (enlace)

Calcula el tiempo que llevas leyendo, multiplícalo por 4 y habrás terminado. ¿Te parece alcanzable? Lo es.

Como todas las cosas sencillas, es más difícil explicarlo que hacerlo.

Pero para eso estoy yo, y por eso te he cobrado el libro. ¿Tienes dos minutos? Ahora montaremos tu archivo.

Preparando tu archivo

Explicado en corto: Subcarpetas, una por tema, por orden alfabético.

Explicación para los que gustan del detalle y tienen tiempo...:

Necesitas una archivador o una caja abierta por arriba o por el lado de fácil acceso y sobres tamaño folio o subcarpetas. Te recomiendo el uso de una rotuladora (dymo) para etiquetar las subcarpetas. Te ayuda a mantener una apariencia clara y ordenada. Siempre ten a mano suficientes subcarpetas de repuesto.

Archivar algo no debe tomarte más de un minuto. No vaciles en crear carpetas nuevas, es mejor pecar de exceso que dejar papeles y documentos en lugares indeterminados.

Utiliza una carpeta para cada tema y dales un nombre descriptivo; organízalas por orden alfabético. De esta forma puedes encontrar cualquier cosa muy rápido.

Por ejemplo, si buscas las facturas del teléfono, sólo podrá estar por la "T" de teléfono o por la "V" de Vodafone, etc.

Realiza una limpieza anual para tenerlo actualizado y funcional.

Material necesario

Lo he dicho en algún sitio del libro. No necesitas material especial para poner en práctica este método.

Por lo tanto, no debes temer hacer esta pequeña inversión en material que, al fin y al cabo, es común y te puede servir para otras cosas.

Tampoco debes retrasar poner en práctica los consejos por no tener todo "el equipo". Empieza ya.

Cuando hayas aprendido las bases, entonces podrás liarte a comprar software, libretas caras, plumas Montblanc y máquinas de etiquetar electrónicas.

Consigue la siguiente parafernalia:

- Bandeja de entrada.
- Un bloc de notas de bolsillo.
- Una libreta nueva.
- Un lápiz.
- Subcarpetas y archivador.
- Calendario o Agenda.

Es importante que los útiles que usas asiduamente te resulten agradables y atractivos. No se trata de ser esnob, es que así te aseguras que las usarás.

Herramientas

En realidad, las únicas tres herramientas que vas a necesitar para llevar el día a día y tus proyectos son una Agenda (para anotar las acciones con fecha), un bloc de notas (para la lista general de cosas para hacer) y una libreta con la Hoja de Ruta, que sirve para mantener actualizada la perspectiva, el rumbo hacia donde quieres ir.

Bloc de notas

El bloc de notas, pues eso. Apunta las cosas a hacer, una por línea, clasificadas por contextos. Es muy sencillo:

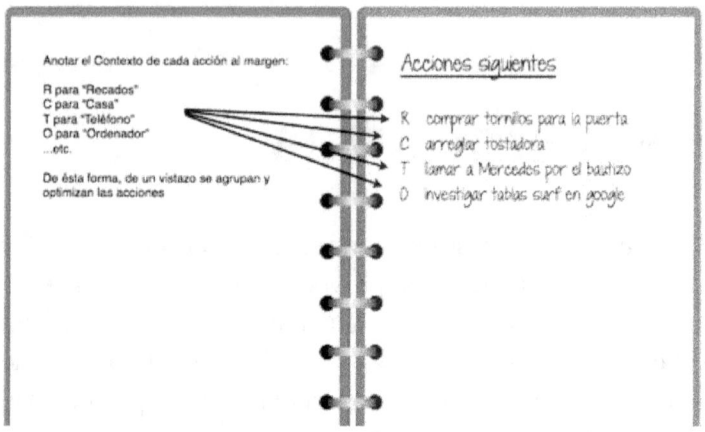

Calendario o Agenda

Oh, ¡cuán útil era la agenda a semana vista hace unos años! Ahora es una tortura. Las cosas van demasiado deprisa y tardas más tiempo en volver a apuntar las cosas una y otra vez, que en hacerlas. Una locura.

Por eso debes utilizarla sólo para acciones con fecha concreta.

Si, me has oído bien. Para la temida cita con el dentista, intentar pasar la ITV al Seat 600 o para recordar ir al concierto (en el Liceo o en el Palacio de Deportes, según tus gustos).

Debes mirar la Agenda cada día por la mañana, de manera que de un vistazo puedas tener una idea de lo que te espera en el día y la semana y poder programar con más soltura tus demás tareas.

Hoja de Ruta

Llegado a este punto tienes un poco más de fe en lo que te cuento, pero al ver el título de esta sección te han dado ganas de cerrar el libro (o apagar el cacharro electrónico).

No te preocupes, siguiendo el más puro estilo zángano, sólo se trata de que cojas una libreta y *hagas secciones de una hoja cada una*, con los siguientes encabezamientos y en lápiz:

(¿Estás ahí todavía?) Vale. Sigo.

Sección 1: **Propósito en la vida** (meta global).

Sección 2: **Visualizar éxito salvaje** (que harías, dónde y con quién si no tuvieras restricciones).

Sección 3: **Áreas de responsabilidad e interés** (son proyectos que no se pueden terminar, como el área de la Salud, la Familia, la Expresión Artística, Finanzas, etc.)

Sección 4: **Lista Algún día/Tal vez** (lo que quieres hacer pero no sabes cuando lo podrás hacer, pero no lo quieres olvidar).

Sección 5: **Lista completa de Proyectos** (solo los nombres). Un proyecto es algo que quieres hacer pero no lo has hecho todavía. No te dejes llevar por el nombre grandilocuente.

Un proyecto puede ser cambiarle las ruedas a tu coche o pintar una habitación de tu casa.

Mantén los títulos fijos. Usa un lápiz y date plena libertad para cambiar cualquier otro contenido en la libreta cuando lo creas necesario.

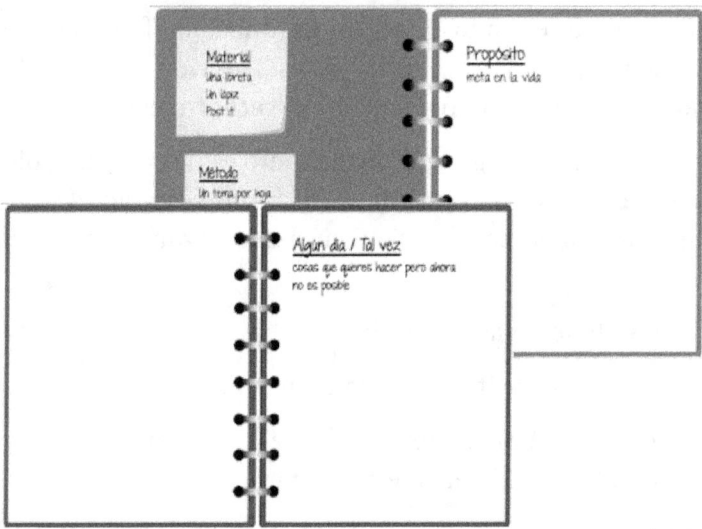

Revisión semanal

Dedica treinta minutos semanales a la sección de Proyectos y otros 30 minutos al mes a las demás secciones de tu Hoja de Ruta y no lo dejes, porque aportará unos beneficios tremendos a tu vida.

Es muy importante sentarse esa media hora semanal para

conseguir relajación mental. Eso te evita todos esos momentos durante la semana, en los que estas despistadamente intentando organizarte, y que sumados, te aseguro que son más de media hora.

El cerebro no esta diseñado para **organizar** y **hacer** al mismo tiempo. **Organiza** tu lista de proyectos y acciones en una día concreto, por ejemplo el Sábado y durante la semana **haces**.

La costumbre de sentarse 1/2 hora a la semana a organizar la lista de proyectos y anotar acciones concretas para ellos, da unos frutos excelentes en lo que respecta a la productividad.

Tu cerebro realiza conexiones nuevas y trabaja a nivel inconsciente durante la semana, para darte "sorpresas" la próxima vez que te sientes a hacer una revisión. Con los resultados obtenidos al archivar y enlazar la información, los momentos "Eureka" serán frecuentes y normales.

Entorno de trabajo

Básicamente tu entorno de trabajo tiene que ser un lugar en el que tengas privacidad.

Lo peor que puedes hacer con tu escritorio es compartirlo. No, con tu novia tampoco.

Ten la Bandeja de entrada y tu Archivo (eso que te acabo de explicar hace un momento) al alcance de la mano para facilitarte su uso.

Lluvia de ideas

Aquí es donde empezaremos a notar una rápida mejora. Lluvia de ideas o Brainstorm es, en términos coloquiales nada menos que vaciar la azotea. Eso se nos da bien a los holgazanes. Tener la cabeza vacía y sin preocupaciones. Ponte 20 minutos en un cronómetro, reloj de cocina, smartphone o lo que tengas a mano. Eso es lo que va a durar tu Brainstorm.

En un folio, empieza a anotar lo que tiene tu atención, siguiendo las siguientes pautas para hacerlo correctamente:

Regla 1: Busca la cantidad, no la calidad

Ahora que por fin te has sentado y escribes, la tentación es esplayarte y desarrollar un tema. Quizá te de por escribir una poesía. No lo hagas.

Regla 2: No organices

No desesperes, ni te canses innecesariamente: todavía no has llegado ahí.

Regla 3: No evalúes

Ánimo, adelante. Notas presión y estas sudando. Menos mal que llega el final.

Regla 4 (la última): No analices

Empieza tu Lluvia de ideas. Voy a tomar algo y vuelvo en 30 minutos.

¿Ya? Enhorabuena.

Ahora tienes un montón de frases sin sentido, producto de haber vaciado tu inquieta mente en el papel. ¿Que hacer? ¿Llamar al psiquiatra? ¿Romperlo para que nadie pueda verlo?

Ahora viene lo interesante, algo que no hacen ni los que han llegado a escribir sus pensamientos y se han relajado un poco, pero no saben que hacer más y rompen el papel para que la familia no empiece a dudar de sus facultades mentales.

Cada cosa que has apuntado puedes meterla en una de las secciones de la Hoja de Ruta que montaste antes.

Cada cosa que has escrito es un Objetivo, un Éxito Salvaje, un Área, un Proyecto o una Acción.

Ahora escríbelos en tu Hoja de Ruta.

El día que hagas una lluvia de ideas en condiciones y pongas el contenido en la Hoja de Ruta, te gustará tanto y te sentirás tan bien, que pasarás a tenerlo como costumbre.

Y cuanto más libre esté tu psique, más querrás continuar. Ya no soportarás guardar nada en la memoria, a menos que quieras o te resulte agradable.

Y llega un momento en que no tienes (si no quieres) que pensar en lo mismo dos veces.

Bienvenid@ a la élite, a la hermandad de los NDI, los "Ninjas de la Información."

Proyectos y Acciones

Las siguientes nociones son las que te van a permitir desencallarte. Puede parecer obvio, pero por alguna extraña razón, son conceptos que se nos escapan en la práctica. Saber distinguir los Proyectos, que es un nombre, un recordatorio de algo complejo que tienes que hacer, de las acciones, que son actos físicos concretos es determinante para la eficacia en el día a día.

¿Qué es un Proyecto?

Algo que no está terminado y necesita más de una acción para llevarse a cabo.

¿Qué es una Acción?

Una acción física concreta que se necesita para avanzar las partes móviles de un Proyecto.

Diferenciar entre que es un Proyecto y que es una Acción es lo que más te va a beneficiar a la hora de poner en práctica tus deseos y lograr tus objetivos sin mucho esfuerzo :)

¿Porqué? Te lo explico. Si piensas a menudo en un Proyecto, como por ejemplo, pintar una habitación de tu casa, vas a pensar una y otra vez en que tienes que hacerlo, en el concepto. Y no vas a avanzar en ello. Eso es un Proyecto. Es solo un nombre, un recordatorio, una señal para acordarte de algo incompleto.

Y, a veces piensas en Acciones, eso es, cosas concretas que puedes hacer para desarrollar un Proyecto, sin identificar el Proyecto.

Al pensar en Acciones y Proyectos y no apuntarlos, pierdes la mayoría de las ideas y te causa más ansiedad, lo que te lleva a percibir este tipo de reflexión como un sufrimiento. Y lo es.

Una gran parte de la ansiedad viene de incumplir las promesas que consciente y a menudo inconscientemente te haces a ti mismo.

Cumple las promesas que te haces a ti mismo y tendrás un amigo para toda la vida.

La solución es dedicar un tiempo a la semana a sentarte y apuntar, en el formato de Lluvia de ideas que hemos explicado anteriormente. De ese modo clarificas lo que hay en tu mente, externalizándolo.

Cada idea pertenece a una parte de la Hoja de Ruta. Al clasificarlas de esa manera, la mente puede realmente vaciarse y dar lugar a pensamientos creativos.

Ten cuidado, vas a descubrir un potencial desconocido en

ti. Con la RAM mental libre, ¡podrás poner tu creatividad a funcionar como nunca!

Acciones siguientes

Fíjate que las acciones siguientes son muy simples: llamadas telefónicas, hablar con alguien, investigar un tema en internet, comprar algo, reunirte con alguien y cosas por el estilo.

Como ya has identificado tus Proyectos (por lo menos alguno de ellos), piensa y apunta en una hoja aparte las próximas acciones de cada uno.

Esto se logra pensando en qué acciones concretas harías para conseguir finalizar ese Proyecto.

Cuando tengas por lo menos una próxima acción en cada Proyecto, agrupa las acciones resultantes por contextos.

Espera, no vayas tan deprisa...

Recapitulemos: Identificaste los Proyectos, las Acciones de los Proyectos y ahora vas a clasificar las esa lista de Acciones concretas por contextos.

Contextos

Un contexto es la herramienta, situación o persona que se necesita para realizar una acción.

Ejemplos de contextos son "Casa" ,"Teléfono", "Recados", "Ordenador".

Puedes poner un contexto asignando una letra mayúscula al lado de cada acción en tu bloc de acciones: "R" para recados, "T" para teléfono, "C" para casa, etc.

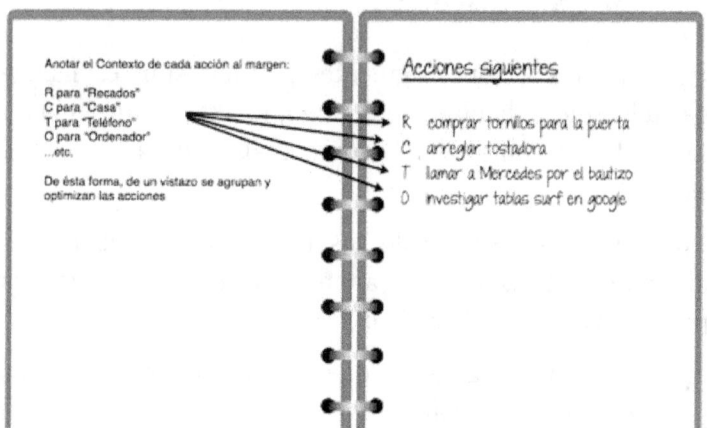

Factores de una Acción

En años pasados, el concepto de priorizar las acciones ayudó a organizarse a mucha gente, pero con el ritmo actual con el que se generan la información y las tareas, ésta clasificación no basta. Si quieres puedes seguir leyendo el capítulo, sino basta esta afirmación:

Clasificar tus acciones por contextos es la manera práctica (y la única que funciona) de tener una lista con la que puedas trabajar.

Más detalles...porque es bonito saber.

Los factores a tener en cuenta para decidir las acciones que hacemos son cuatro, por orden de importancia, de mayor a menor:

- Contexto.
- Tiempo disponible.
- Energía personal.
- Prioridad.

Contexto

Es el lugar en el que se realiza, la herramienta imprescindible o la persona a quien va dirigida la acción. Por ejemplo, si estás en casa no puedes comprar nada ni hacer recados, si estas fuera no puedes hacer cosas específicas de la casa. Si no tienes un teléfono a mano, no puedes hacer llamadas.

Tiempo disponible

El segundo factor en importancia es el tiempo del que dispones y ello te limita determinadas acciones, por ejemplo, no puedes hacer una llamada telefónica que sabes que va a ser larga cuando tienes una reunión en cinco minutos.

Energía personal

Otro factor no menos importante es la energía de la que dispones en un determinado momento.

Te recomiendo reservar los proyectos complejos para cuando nos encontramos energéticos y hacer las tareas simples como rellenar la grapadora en los momentos en los que nuestro poder mental es bajo.

Prioridad

Y por último, qué es lo más importante y/o urgente que tenemos que realizar.

Email a cero

El email es la forma más versátil de comunicación conocida y ha sido adoptada universalmente incluso por sectores que tradicionalmente han requerido comunicaciones en papel. El gran volumen de emails hace que sea necesario un "inbox" que no es más que otra bandeja de entrada. El problema viene cuando se acumulan.

Cada vez que abres tu correo electrónico ves, además de los nuevos mensajes, los recibidos de otros días. Cuantas veces has abierto el mismo email, para acabar no haciendo nada con el?

¿Cuántos emails tienes ahora mismo en tu bandeja de entrada? ¿500? ¿1500? ¿4000? No es tanto el número de emails que tengas, sino de cuanto de tu atención (consciente e inconsciente) está en esa bandeja de entrada.

¿Qué hacer?

Para poder empezar a aplicar cómodamente el sistema que explico más abajo, crea una carpeta "Archivo" o un nombre similar y mueve todos los emails de la bandeja de entrada a esa carpeta. De esta forma, no pierdes ningún dato, pero puedes empezar desde cero, con los próximos emails que te lleguen, que obviamente serán todos nuevos.

Actuaremos siguiendo estas reglas, de manera que cuando acabemos, la bandeja de entrada quede siempre vacía. De ahí lo de "Email a cero". En realidad es el mismo principio de "procesar": tirar lo inservible, apuntar las acciones a hacer con un determinado objeto o en este caso email, hacer directamente la acción si tardas 2 minutos o menos y archivar lo que te interese guardar.

No tenemos que contestar a cada email que procesamos. Sólo decidir que hacer con él.

Vamos a ello:

1. Borramos todo el correo SPAM o inservible.
2. Respondemos aquellos emails que no nos va a llevar mas de 2 o 3 minutos contestarlos.
3. Movemos los emails que necesitamos responder con más tiempo a una carpeta que llamamos algo asi como " Para Contestar". Estos los despachamos en un periodo que reservamos solo para eso.
4. Archivamos los emails que no tenemos que contestar pero que nos interesa conservar.

Rutinas

Diaria

- Mira el calendario.
- Procesa tus bandejas de entrada si es necesario.
- Revisa tus próximas acciones.

Semanal

- Revisa el Calendario o Agenda.
- Actualiza tu libreta Hoja de Ruta.
- Haz una Lluvia de ideas.
- Actualiza tu lista de Proyectos.
- Determina al menos una acción en cada Proyecto.
- Reúne los papeles sueltos, notas, etc.
- Procesa las Bandejas de entrada.

El secreto para mantener el sistema funcionando es la revisión semanal de la lista de Proyectos, asignándole por lo menos una próxima acción a cada uno. Así mantienes la máquina "engrasada".

Dejar de hacer la revisión semanal varias veces seguidas puede suponer caer de nuevo en el ritmo desenfrenado del bombero apagafuegos. Pero, como ya conoces el método, es también fácil volver a "subirse al tren".

Resumiendo

Tres pasos hacia la productividad

1. El primer paso

Monta tu lugar de trabajo, consigue una bandeja de entrada, un calendario o agenda y un bloc de notas.

2. El segundo paso

Monta el esquema de la Hoja de Ruta y rellénalo con el resultado de una lluvia de ideas.

3. El tercer paso

Adquiere la práctica de apuntar toda la información potencialmente importante. Al principio apuntaras más, porque estas empezando y el cerebro tiene todavía muchas cosas "guardadas". A medida que pasen los días, veras que anotas menos. El cerebro ya ha dejado de almacenar muchas cosas, porque tiene la certeza de que están guardadas en tu sistema externo (la hoja de ruta, el calendario y el bloc de acciones siguientes).

Poco a poco irás notándote más liviano y con más "recorrido" mental.

El día que consigas no pensar en algo dos veces, a menos que tu quieras, habrás alcanzado el cinturón negro en OyP (organización y productividad).

Mantener ese nivel es simple: revisar y actualizar la lista de proyectos y pensar de antemano en las acciones siguientes de cada proyecto, una vez a la semana. Y una vez al mes, actualizar la Hoja de Ruta.

Anota tus acciones, (lista de cosas para hacer) en tu Calendario si tienen (y sólo si tienen) fecha fija y las demás en el bloc de notas clasificado por contextos.

En muy poco tiempo, vivirás mucho mejor, habrás bajado tu nivel de estrés y estarás aprendiendo a usar toda esa energía mental extra que has adquirido gracias a tus nuevos hábitos.

No me lo agradezcas. Ingresa un par de euros de vez en cuando. Ya te daré yo las gracias a vuelta de correo.

Utilidades

Con las herramientas sencillas que he descrito en un capítulo anterior, tienes de sobra para ser un magnífico holgazán organizado de primera división. Pero, si eres como yo, que te gustan estos temas y liarte la vida un poco, porque sí, porque te apetece, ahí van otras herramientas útiles. Además ahora vas a tener tiempo para eso.

Gadgets y software

La electrónica es a la productividad lo que las hierbas provenzales a la pasta: no es imprescindible, pero la puede mejorar.

Aplicaciones, scripts y gadgets pueden ayudar a tu productividad. Para conseguir miles de variedades, solo tienes que pasarte por el online store que más te guste.

Por el precio que tienen algunos de esos artilugios, estoy seguro de que incluso pueden defenderte del ataque de un tigre, o volver solos a casa si te los olvidas en el cine.

En realidad, nuestros smartphones llevan una buena colección de aplicaciones de serie. Nuestro teléfono puede hacer prácticamente todas las funciones básicas que necesitamos.

La utilidad de la aplicaciones va en función de los recordatorios y que pueden almacenar y procesar una cantidad de datos superior a la que puedes manejar en una simple libreta. Pero si tu lista de Proyectos y acciones siguientes puede manejarse en una libreta, ni lo dudes: usa la libreta y el bolígrafo de toda la vida.

Con el software, puedes analizar y ordenar todos esos datos en listas. Existen muchísimas aplicaciones, aunque parece que las más extendidas son Omnifocus, Things y Clear, por este orden. Si tienes 20 proyectos con 5 subproyectos cada uno, es mejor que uses Omnifocus, "la bestia todo terreno" apreciada por miles de frikis informáticos en el mundo entero.

Yo personalmente uso Clear, una lista de listas. Su interface es muy sencillo y efectivo y es la que he usado durante largos periodo de tiempo. Me va tan bien que nunca más he arrancado Omnifocus. Existe una versión gratuita para Android y una de pago para iOs.

Es importante activar la copia de seguridad en la nube, para que puedas recuperar esos datos si algo pasa con tu dispositivo.

Omnifocus

http://www.omnigroup.com/products/omnifocus
OmniFocus está diseñado para capturar rápidamente tus pensamientos y te permite almacenar, administrar y procesar en acciones concretas los elementos de tus tareas.

Clear

http://realmacsoftware.com/clear
Una aplicación que destaca por su interfaz muy minima-
lista, que no se parece en nada de lo que hayamos visto
hasta ahora y que permite organizar las tareas pendientes
que tengamos a lo largo del día de una manera rápida y
sencilla, o cualquier otra lista que se nos ocurra. Hay que
ver un video para comprender lo sencillo y práctico que es.

iThoughts (mapas mentales)

http://toketaware.com/ithoughts-ios
Un mapa mental es un diagrama que se elabora para re-
presentar ideas, tareas u otros conceptos que se encuentran
relacionados con una palabra clave o idea central, y que se
ubican radialmente a su alrededor. Su principal función es
la generación y visualización de ideas, por lo que sirve de
ayuda para el estudio, la organización de información y la
toma de decisiones.

Otras utilidades

GTD + R

http://gtd-r.blogspot.com
Básicamente se trata de vaciar las ideas, tareas etc. que
nos vienen a la mente en un bloc de notas que siempre

llevas encima (una hojita por tarea) y luego procesarlo cada día con el "juego". Procesar cada día por la mañana de la siguiente manera:
Poner las notas en los diferentes bolsillos en acuerdo a cuando las tengas que hacer, por ejemplo, las notas para hacer hoy van en el bolsillo "Today".
Las notas que se puedan hacer en dos minutos o menos, se quedan en el centro del tablero y se realizan en el momento. Las tareas ya realizadas se rompe el papel y listo.

43 Folders

Consiste en un archivador con 31 carpetas para los días del mes y 12 carpetas para los meses del año. Cada cosa que necesita acción o tu atención en una fecha concreta la pones en la carpeta correspondiente. Cada mañana abres la primera carpeta—con la fecha de hoy—y vacías la carpeta en tu bandeja de entrada para procesar todo junto.
Este sistema va bien cuando tienes gran volumen de papel y actúa como tu oficina de correos personal.

Temporizador

Es muy útil tener a mano este común artefacto de cuenta atrás. Para realizar las tareas duras y desagradables como lavar la vajilla o limpiar, fija el temporizador para los próximos 10 minutos. Eso es suficiente para convencer a la mente para que empiece, que es la clave para romper la resistencia. Si te cuesta seguir, negocia otros 10 minutos. Las "micro tareas" funcionan de maravilla. Pruébalo.

Regla de los dos minutos

Si una tarea requiere menos de dos minutos, hazla inmediatamente ya que te va a tomar más tiempo volver a pensar en ello y decidir lo que vas a hacer, que hacerlo directamente. Ejemplos de acciones de dos minutos:
- Una llamada de teléfono rápida. - Un correo electrónico de contestación corta. - Afilar los lápices. - etc ...

Listas de control

Es muy práctico elaborar listas de control para tareas habituales que se realizan de forma periódica.

Por ejemplo la lista de la compra, de viaje y rutinas repetitivas como la limpieza de la casa.

El hábito de elaborar estas listas evita los olvidos y nos descarga de preocupaciones innecesarias.

Hábitos a crear

- Usar la bandeja de entrada física
- Determinar las próximas acciones con sus contextos
- Anotar las acciones con fecha en la agenda
- Mirar cada día la libreta de próximas acciones
- Revisar cada día el calendario o agenda
- Regla de los 2 minutos
- Actualizar la lista de proyectos semanalmente
- Hacer lluvia de ideas regularmente
- Refinar periódicamente la Hoja de Ruta

Si has adquirido estos hábitos, es la prueba de que has implementado el sistema al 100% y correctamente. ¡Enhorabuena!

Quería decirte que no hay una sola forma efectiva de usar tu tiempo. Puede que dormir o pasear lo sea, y lo es, en determinadas circunstancias. Lo que no deja de ser una buena noticia.

Ignoro los mecanismos específicos del cerebro que hacen que este método resulte, no soy un técnico ni un especialista, pero si sé que es el único que funciona y que ofrece resultados inmediatos y verificables.

Nos podemos ahorrar toda la parte científica, ir al grano y cosechar sin temer ni siquiera que sembrar... Bueno, algo si. El libro tendrás que leerlo. Y repasar si estas haciendo los 12 puntos de la Lista de Control. ¿Te parece mucho? Tómatelo como una pequeña inversión... luego tendrás muuucho tiempo libre.

Objetivos

La vida es un viaje. Ya sé que es un cliché, pero déjame continuar. Si quieres ir a algún sitio, necesitas saber a donde vas, un mapa para la ruta (Perspectiva) y una serie de requisitos o acciones físicas, como poner gasolina o comprar para hacer los bocadillos (Control). Acabas de aprender el detalle de su funcionamiento en las páginas anteriores.

Resumiendo, para lograr el nivel ideal y equilibrio de Perspectiva y de Control:

Perspectiva

Actualiza tu Hoja de Ruta una vez al mes para ajustar y afinar hacia donde quieres ir.

Control

Haz tu revisión semanal y mantén una lista actualizada de proyectos, una lista de acciones siguientes por contextos y un calendario para las tareas con fecha asignada. Eso es todo.

Mucho control y poca perspectiva te convierte en un micro-
manager. Haces las cosas bien, pero no tienes rumbo. Con
mucha perspectiva y poco control eres un visionario, pero
te resulta difícil poner tus proyectos en práctica. Lo ideal es
tener perspectiva y control.

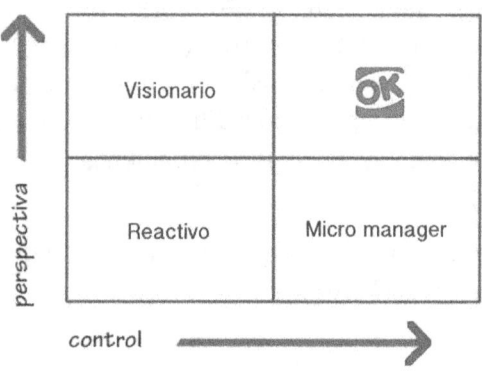

Palabras finales

Este sencillo sistema permite a tu mollera "descansar" y tener mucha energía extra para usarla en lo que realmente te guste. Esto nos deja via libre para poder tener ideas y realizarlas a nuestras anchas. O no.

Parece mentira que con estas pocas instrucciones y un par de hábitos, el resultado sea tan espectacular. Pregúntale como se sienten, a los que prefieren complicados métodos y enrevesadas herramientas.

Una vez pongas en práctica este librito, no tendrás que gastarte nunca más un euro en coachings fin de semana, PNL o budismo Zen. A no ser que seas budista.

Continúa, hasta que, como yo, seas capaz de ir por la calle sin nada en la cabeza. Una delicia. Te lo juro.

Glosario

Acción siguiente
Una acción física concreta que se necesita para avanzar las partes móviles de un Proyecto.

Bandeja de entrada
Es cualquier dispositivo real o virtual que hace de "embudo" para las cosas que van surgiendo en nuestro mundo.

Contexto
Es la herramienta, situación o persona que se necesita para realizar una acción.

Email a cero
Procesar nuestros mensajes y convertirlos en acciones con rapidez.

GTD
Se basa en el principio de que una persona necesita borrar de su mente todas las tareas que tiene pendientes guardándolas en un lugar específico. De este modo, se libera la mente del trabajo de recordar y puede concentrarse.

Hoja de Ruta
Libreta con diferentes niveles de perspectiva para guardar y afinar nuestras motivaciones.

Lluvia de ideas
Ejercicio de generación de ideas. Se realiza sin entrar en ningún tipo de evaluación o clasificación de las mismas.

Procesar
Decidir que acciones necesitan realizarse con las cosas de nuestro mundo. Básicamente es tirar, archivar, delegar o accionar algo.

Proyecto
Algo que no está terminado y necesita más de una acción para llevarse a cabo.

Regla de los dos minutos
Si tardas dos minutos o menos en hacer una acción, es mejor hacerla al instante.

¿Te gustó?

¿Te ha gustado este libro? A menos que seamos capaces de comunicarnos por telepatía, mejor que hagas una (o varias) de estas cosas:

1. Recomiéndaselo a tus amig@s.
2. Haz un "Me gusta" en Facebook
3. Sígueme en Twitter
4. Valora el libro escribiendo una buena reseña en el lugar que lo has descargado.
5. Ingrésame tu última nómina